AF509852

NOTICE

DES

TABLEAUX

DU MUSÉE

DE

LA VILLE DU MANS.

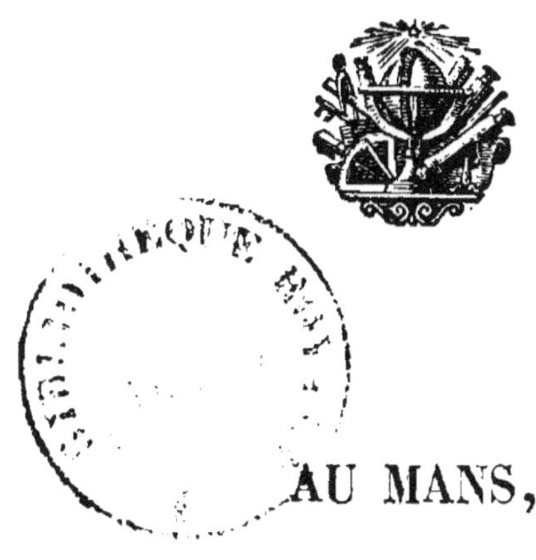

AU MANS,

IMPRIMERIE DE FLEURIOT,

PRÈS LA PRÉFECTURE.

1839.

NOTICE

DES TABLEAUX

DU MUSÉE

DE

LA VILLE DU MANS.

———⊰⊱———

I. Religion, Histoire Sainte.

1. VRIEND (François), plus connu sous le nom de Franc Floris et surnommé le Raphaël de la Flandre, né à Anvers 1520, m. 1570. — Le Jugement dernier. B. — C'est une réduction, par ce célèbre peintre lui-même, de son grand tableau qu'on voit à Bruxelles.

2. LE BARBIER aîné. — Manué et sa femme offrent un sacrifice à Dieu en présence d'un Ange. T.

3. Tenue d'un Concile. T.

4. HOLBEIN (Jean), né à Bâle 1478, m. 1554. — Saint Jérôme en méditation sur une tête de mort. Copie. B.

5. ALBANI (François), dit l'Albane, né à Bologne 1578, m. 1660. — La Sainte Famille écoutant la lecture de Saint Joseph. C.

6. FRANCK (Jérôme), peintre du Roi de France Henri III, né à Hérenthals vers 1544, m. vers 1614. — L'Adoration des Mages. C.

7. CHAMPAGNE (Philippe de), né à Bruxelles 1602, m. 1674. — L'Adoration des Mages. B.

8. AMÉRIGHI (Michel-Ange), dit le Caravage, né à Caravaggio 1569, m. 1609. — La Vocation de St-Mathieu. Copie. C. — L'original se trouve à Rome, dans l'église de St-Louis des Français.

9. JOUVENET (Jean), né à Rouen 1644, m. 1717. — Présentation de Jésus-Christ au Temple. T.

10. VANLOO (André), dit Carle Vanloo, né à Nice 1705, m. 1765. — Lavement des pieds aux Apôtres, par Jésus-Christ. T. — Don du gouvernement.

11. CHAMPAGNE (P. de). — Jésus-Christ au Jardin des Oliviers. T.

12. GUIDO (Reni), né à Bologne 1575, m. 1642. — Ecce Homo. Copie. T.

13. GUILLEMARDET. — La Vierge tenant dans ses bras l'Enfant Jésus. T.

14. POUSSIN (Nicolas), né aux Andelys 1594, m. 1665. — La Vierge et l'Enfant Jésus. Copie. T.

15. LÉONARD DE VINCI, né au château de Vinci, près de Florence 1542, m. vers 1619. — La Vierge tenant l'Enfant Jésus; St-Michel, à genoux, lui présente la balance dans laquelle doivent être pesées, au jour du Jugement, les bonnes et les mauvaises actions des hommes; Ste-Elisabeth et le petit St-Jean, qui tient

un mouton, font aussi partie de ce groupe. Copie du temps. B. — L'original se voit dans le musée de Paris.

16. JOUVENET. — Jésus-Christ descendu de la croix, mis aux pieds de la Vierge. Copie. T.

17. GUIDO. — La Mère des Douleurs. Copie. T.

18. VAN DER BALEN (Henri), né à Anvers 1560, m. 1632, et TIRINS. — La Sainte Famille, avec un groupe d'anges. T.

19. GUILLEBAUT. — L'Assomption de la Vierge. T.

20. Ecole Italienne. — La Vierge place une rose sur la tête de St-Jean-Baptiste encore enfant, à la demande de l'Enfant Jésus. C.

21. LAHIRE. (Laurent de), né à Paris 1606, m. 1666. — Ste-Véronique, tenant un linge sur lequel est peinte la tête de Jésus-Christ. T.

22. LUNI. — Une Sainte tenant à la main droite la palme du martyre, et dans la gauche, un livre à fermoir. B.

23. LAHIRE (L. de). — Irène enlevant les flèches du corps de St-Sébastien. T.

24. LESUEUR (Eustache), né à Paris 1617, m. 1655. — St-Bruno au pied de la Croix. Copie. T.

25. POUSSIN. — Moïse retiré des Eaux. Copie par De Troy. T.

26. CHAMPAGNE (P. de). — Sommeil du prophète Hélie, au moment où un Ange vient le réveiller. T.

27. CHAMPAGNE (P. de). — Sainte Famille ; l'Enfant Jésus foule aux pieds le serpent. T.

28. Ecole Italienne. — St-Jean-Baptiste. T.

29. GUILLEBAUT. — St-François-d'Assise expirant. T.

30. DE LLANES Y VALDÈS (Sébastien). — Religieux espagnol, en prière extatique. T. — Acquisition de la Mairie, 1857. — Cabinet de M. Mathieu Favier.

31. TURCHI (Alexandre), surnommé Veronèse, né à Vérone 1600, m. 1670. — Dalila, courtisane de la tribu de Dan, ayant tiré de Samson, qui l'aimait éperduement, le secret de sa force, le surprend endormi, lui coupe les cheveux et le livre aux Philistins. T. — Acquisition de la Mairie, 1856.

32. BERRETINI, plus connu sous le nom de Pierre de Cortone, né à Cortone 1609, m. 1669. — Réconciliation de Jacob et de Laban. T.

33. MONNOYER (Jean-Baptiste), plus connu sous le nom de Baptiste, né à Lille 1655, m. 1699. — Vierge entourée d'une guirlande de fleurs. T.

II. Mythologie, Allégories.

34. La Muse de la Musique, Euterpe. T.

35. La Muse de l'Histoire, Clio. T.

36. La Muse de l'Astronomie, Uranie. T.

37. La Muse de la Rhétorique, Polymnie. T.

38. SANTERRE (J. B.), né à Magny 1657, m. 1717. — Jeune Femme étudiant la géométrie. Copie. T.

39. Herminie. T.

40. HENNEQUIN (P. A.), né à Lyon 1763. — La Fré-

nésie. T. — Ce tableau et les deux suivants ont été donnés par le gouvernement.

41. HENNEQUIN. — La Calomnie et le Mensonge. T.

42. HENNEQUIN. — Tête colossale. T.

43. SPRINX. — Un Satyre surprend une Nymphe au bain. T.

44. BOULLONGNE (Louis), né à Paris 1609, m. 1774. — La Nymphe Calypso au milieu de ses compagnes, dans l'île d'Ogygie. T.

45. COYPEL (Noël), né à Paris 1628, m. 1707. — Ariane délaissée par Thésée dans l'île de Naxos. T.

46. COYPEL. — La Nymphe Galathée. T.

47. LEROI (Sébastien), né à Paris, élève de M. Peyron. — Enée, prêt à immoler Hélène, femme de Ménélas, à laquelle il reprochait la ruine de Troie, en est empêché par Vénus. T. — Don du gouvernement, 1820.

48. BREUGHEL (Jean), né à Bruxelles vers 1589, m. vers 1643. — Les Amours des Dieux. C.

49. Le Jugement de Pâris. B. — Attribué à Bril (Paul), né à Anvers 1556, m. 1626.

50. POUSSIN (N.). — L'Amour veillant auprès d'un enfant endormi. T.

51. Vénus accompagnée des trois Grâces. C.

52. Vénus à sa toilette. C.

53. L'Amour assis sur un Lion. C.

54. MATHÉI (Paul). — Vénus lutinée par les Amours. T. — Acquisition de la Mairie, 1836.

III. Histoire, Bataille.

55. TROY (François de), né à Toulouse 1645, m. 1730. — Faustulus (intendant des troupeaux de Numitor, roi d'Albe) remet à sa femme Acca Larentia pour les nourrir Remus et Romulus, qu'il vient de découvrir dans une caverne, où une louve les allaitait. T.

56. Ecole de DAVID, — Le dernier des Horaces, rentrant victorieux à Rome, plonge son épée dans le sein de sa sœur, qui lui reprochait le meurtre d'un des Curiaces auquel elle avait été fiancée. T. — Don du gouvernement.

57. LAHIRE (L. de). — Cincinnatus, labourant son champ, reçoit les députés du sénat romain, qui lui présentent le décret qui le nomme dictateur de la république. Esquisse. T.

58. LAHIRE (L. de). — Régulus, enlevé de sa charrue par ordre du sénat romain, pour commander les armées de la république. Esquisse. T.

59. PIPI (Jules), plus connu sous le nom de *Jules Romain*, né à Rome 1492, m. 1546. — Constantin marchant à la tête de son armée, pour aller en Italie combattre Maxence, aperçoit, au-dessous du soleil, une croix lumineuse, avec cette inscription : *In hoc signo vinces.* — Copie par BOISNARD, manceau. T.

60. PIPI (J.). — Maxence, vaincu par Constantin, fait de nouveaux efforts pour rentrer dans Rome, mais

le pont sur lequel il passait s'étant écroulé, il tombe dans le Tibre et se noie avec une partie de son armée. — Copie par Boisnard, manceau. **T.**

61. **Garnier.** — L'Usurpateur Phocas fait égorger, sous les yeux de Maurice (*Tiberius Mauritius*), les fils de cet empereur, avant de lui faire partager leur sort. — Don du gouvernement. **T.**

62. **Laumosnier.** — Philippe **V**, roi d'Espagne, confère l'ordre de la toison d'or au maréchal de Tessé, ambassadeur de France. **T.**

63. **Laumosnier.** — Un ambassadeur français demande en mariage, à la cour de Turin, Marie-Adélaïde de Savoie, pour le duc de Bourgogne (depuis Dauphin), petit-fils de Louis XIV. **T.**

64. **Laumosnier.** — Un ambassadeur français épouse, par procuration, pour le duc de Bourgogne, Marie-Adélaïde de Savoie, fille aînée de Victor-Amédée II. **T.**

65. **Bitter.** — La clémence de François Ier: Diane de Poitiers, aux genoux de François Ier, lui demande la grâce de son père, Jean de Poitiers, comte de St-Vallier, condamné à mort pour avoir favorisé la fuite du connétable de Bourbon. **T.** — Don du gouvernement, 1828.

66. Etats généraux tenus à Orléans, en 1560, sous Charles IX. — A. Le Roi; B. La Reine-mère; C. Monsieur, frère du Roi; D. Madame, sœur du Roi; E. Le Roi de Navarre; F. La duchesse de Ferrare; G. M. de Guise, grand-chambellan du Roi; H. Les princes; I. Les cardinaux, K. Le connétable tenant une

épée nue à la main ; L. Le chancelier ; M. Les maréchaux et l'amiral de France ; N. Les conseillers du conseil privé ; O. Les clercs de l'ordre, au 1er banc des nobles ; P. Les quatre secrétaires-d'état ; Q. M. de Sépierré ; R. M. de Crusol ; S. Les gens d'église et du tiers-état. V. Gentilshommes et autres ; X. Le P. Quintin, député du clergé, portant la parole. T.

67. VAN DER MEULEN (Antony-Francis), né à Bruxelles 1634, m. 1690. — Arrivée de Louis XIV au camp devant la ville de Maëstricht, en 1673. Copie. T.

68. VAN DER MEULEN. — Valenciennes prise d'assaut et sauvée du pillage par la clémence de Louis XIV, le 16 mars 1677. Copie. T.

69. VAN DER MEULEN. — La ville et la citadelle de Cambrai prises en 1677, par Louis XIV. Copie. T.

70. MARTIN (Jean-Baptiste), dit des Batailles, né à Paris 1659, m. 1715, élève de Van Der Meulen. — Six tableaux de batailles, commandées par Louis XIV. Copies. T.

IV. Portraits.

71. LOUIS-PHILIPPE, Roi des Français. T. Par Mlle de Fourmont. — Don du gouvernement, 1834.

72. GEOFFROI-LE-BEL, dit Plantagenet, comte d'Anjou et du Maine, né à Angers, le 24 août 1113, m. le 7 septembre 1151, et inhumé au Mans, dans la cathédrale de St Julien. — Portrait en émail, sur cuivre ; on y lit cette inscription latine :

Ense tuo, princeps, prædonum turba fugatur;
Ecclesiisque quies, pace vigente, datur.

Trad. Prince, ton épée a mis en fuite les hordes de brigands, et l'église, à l'ombre de la paix, jouit de la sécurité.

L'aîné de ses trois fils, Henri II, fut (1154) le chef de la dynastie Saxo-Normande des Plantagenets, rois d'Angleterre.

LES DOUZE CÉSARS :

73. JULIUS CÆSAR, m. l'an 44 avant J.-C. — B.

74. OCTAVIUS AUGUSTUS, m. an 14 de J.-C. — B.

75. CÆSAR GERMANICUS, m. an 19. — B.

76. TIBERIUS, m. 37. — B.

77. TITUS CLAUDIUS, m. 54. — B.

78. NERO (Lucius Domitius Claudius), m. 68. — B.

79. GALBA (Servius Sulpicius), m. 69. — B.

80. OTHO (M. Salvius), m. 69. — B.

81. VITELLIUS (Aulus), m. 69. — B.

82. VESPASIANUS (Titus Flavius), m. 79. — B.

83. TITUS, m. 81. — B.

84. DOMITIANUS (Titus Flavius), m. 96. — B. (Legs de M. Chesneau-Desportes, conseiller de préfect[re], 1828.)

85. ANTOINE DE LA ROCHEFOUCAULD, seigneur de Barbezieux. T.

86. ANDRÉ CÉVA DORIA, prince de Melphe, général des galères, sous François Ier, ensuite général de la mer, au service de Charles-Quint; m. 1560. T.

87. JEAN DE CREPOY, fils de Thibaut, amiral de France, général des galères du Pape et du roi Philippe-le-Bel, lors de la guerre des Grecs. T.

88. LOUIS-AUGUSTE DE BOURBON, duc du Maine, fils de Louis XIV et de Madame de Montespan, m. en 1736. T.

89. Le maréchal de CRÉQUY, m. 1638. T.

90. Le cardinal JULES MAZARIN, premier ministre de la reine Anne d'Autriche, en 1643, m. 1661. T.

91. JEAN-BAPTISTE COLBERT, intendant des finances de Louis XIV, m. 1683. T.

92. CHARLES COLBERT, marquis de Croissy, second frère du grand Colbert. T.

93. LOUIS-FRANÇOIS-ARMAND DUPLESSIS, duc de Richelieu, maréchal de France, m. 1788. T.

94. ALBERT DE GONDI, comte de Retz, favori et premier gentilhomme de la chambre de Charles IX, né en 1552, m. 1602. T.

95. CHARLES DE GONDI, marquis de la Tour. T.

96. CHARLES DE GONDI, marquis de Belle-Isle. T.

97. EMMANUEL DE GONDI, comte de Joigny. T.

98. HENRI DE LA TOUR-D'AUVERGNE, vicomte de Turenne, maréchal-général des camps et armées de Louis XIV, m. 1675. T.

99. Le duc DE MORTEMART. T.

100. FRANÇOIS-HENRI DE MONTMORENCY, duc de Luxembourg, maréchal de France, m. 1695. T.

101. Le duc de VILLEROI, maréchal de France. T.

102. Armand de Tessé, à l'âge de 4 ans (1616). B.

103. René de Froulay, comte de Tessé, maréchal de France en 1702, m. 1725. T.

104. Le maréchal de Tessé, en habit de cour. T.

105. Thomasse de la Ferrière, fille de Jean, baron de Tessé, mariée (1567) à André de Froulay. T.

106. René de Froulay, comte de Tessé (1598). C.

107. Marie d'Escoubleau, fille de François, marquis de Sourdis, mariée (1596) à René de Froulay, comte de Tessé. C.

108. Magdelaine de Beaumanoir de Lavardin, comtesse de Tessé. T.

109. Abbesse de la famille de Tessé. T.

110. Le R. P. Maurin, prieur de l'ordre de St-Augustin. T. Par Guillemard.

111. Le R. P. de Riberolle, prieur de l'ordre de St-Augustin. T. Par Guillemard.

112. Le R. P. de Monthenay, prieur de l'ordre de St-Augustin. T. Par Guillemard.

113. Le R. P. Paris, prieur de l'ordre de St-Augustin. T. Par Guillemard.

114. Vincent Voiture, membre de l'Académie française en 1634, m. 1648. T.

115. Antoine Escalin, baron de la Garde, envoyé de François Ier auprès de Soliman (1542); il commandait l'une des compagnies de soldats qui, sous les ordres du baron d'Oppède, furent chargés (1545) de l'extermination des Vaudois. T.

116. HENRI-EMMANUEL HURAULT, marquis de Vibraye, veneur de Monsieur, né 1659, m. 1708. T.

117. JACQUES HURAULT, marquis de Vibraye, baron d'Huriel, mari d'Anne de Vassé. T.

118. GABRIEL MOULINNEUF, professeur de dessin à l'École centrale du Mans, né 1749, m. 1817, peint par lui-même. Gouache. — Don de M. Cauvin, 1852.

119. LOUIS-JEAN-CHARLES MAULNY, naturaliste, né au Mans 1758, m. 1815. T.

120. DIANE DE POITIERS, duchesse de Valentinois, maîtresse de Henri II, m. 1566, T.

121. CATHERINE-HENRIETTE DE BALSAC D'ENTRA-GUES, marquise de Verneuil, maîtresse de Henri IV, m. 1633. T.

122. FRANÇOISE-ATHÉNAÏS DE ROCHECHOUART, marquise de Montespan, maîtresse de Louis XIV, m. 1707. T.

123. Mademoiselle DE MONTPENSIER (Anne-Marie-Louise d'Orléans), fille de Gaston duc d'Orléans, m. 1693. T.

124. MARIE-ADÉLAÏDE DE SAVOIE, fille aînée de Victor-Amédée II, femme du duc de Bourgogne, appelée, à cause de cette alliance, la princesse de la Paix, m. 1712. T.

125. RENÉE-ELISABETH PUCELLE, femme de Nicolas de Fremont d'Auneuil, grand doyen des maîtres des requêtes. T.

126. BILIHILDE, femme de Childebert Ier, mort 558. T.

127. FRÉDÉGONDE, maîtresse de Chilpéric Ier, mort. 584. T.

128. MAROFLÈDE ET MARCOEFF, sœurs, femmes de Caribert, fils de Clotaire Ier, mort 567. T.

129. MATHILDE, religieuse sous Clotaire II, mort 628 T.

130. NANTILDE, seconde femme de Dagobert, mort 642. T.

131. ALPÈDE DODON, maîtresse de Childebert III, mort 711. T.

132. ANBELINDE, femme de Clotaire, mort 751, T.

133. HUGUETTE DE JACQUELIN, maîtresse de Louis II, dit le Jeune, mort 875. T.

134. ALMAFRÈDE, sous Robert surnommé le Sage et le *Dévot*, mort 1051. T.

135. MARIE TOUCHET, maîtresse de Charles IX, née 1549 d'un apothicaire d'Orléans. T.

136. BERTRADE DE MONTFORT, femme de Philippe Ier, mort 1108. T.

137. MARIE MANFRÈDE, maîtresse de Philippe II. surnommé Auguste, mort 1223. T.

138. AGNÈS SOREAU OU SORELLE, dame de Frementeau, maîtresse de Charles VII, m. 1450. T.

139. RENÉE SILON, maîtresse de François Ier, mort 1547. T.

140. La belle FÉRONIÈRE, maîtresse de François Ier. T.

141. ANNE DE PISSELEU, duchesse d'Etampes, maîtresse de François Ier, m. vers 1576. T.

142. LERISTON, maîtresse de Henri II, mort 1559. T.

143. LAVION, maîtresse de Henri II. T.

144. DIANE DE POITIERS, duchesse de Valentinois, maîtresse de Henri II, m. 1566. T.

145. DIANE, dite CORISANDE D'ANDOUINS, veuve de Philibert de Grammont, comte de Guiche, maîtresse de Henri, roi de Navarre (depuis Henri IV), m. 1562. T.

146. GABRIELLE D'ESTRÉES, duchesse de Beaufort, maîtresse de Henri IV, m. 1599. T.

147. MARIE-ANGÉLIQUE DE SCORAILLE DE ROUSILLE, duchesse de Fontanges, maîtresse de Louis XIV, m. 1681. T.

148. LOUISE-FRANÇOISE DE LA BAUME LEBLANC, duchesse de la Vallière, maîtresse de Louis XIV, morte 1710. T.

149. Mme DE BEAUVILLIERS, abbesse de Montmartre, sous Louis XIV. T.

150. Mme GIGON, sous Louis II. T.

151 Portrait de femme sous les attributs de Diane. T.

152 DÉMOCRITE, d'après Albert DURER, né à Nuremberg 1470, m. 1528. B.

153. HÉRACLITE, d'après Albert DURER. B.

154. SCHALKEN (Godefroy), né à Dordrech 1643, m. 1706, peint par lui-même. T. — Acquisition de la Mairie, 1837.

155. Une Jeune Femme, toque et tunique en velours bleu. Portrait. T.

V. Paysages, marines, places publiques et vues de monuments.

156. BELLOTZI. — Ruines d'architectures. T

157. LE BRUN. — Vue de la place de Navone, à Rome. T.

158. Deux Vues de Paris ancien. T. — Les figures sont attribuées à Schœvaerdts.

159. BOUT (François) et BOUDEWYNS (Antoine), nés à Bruxelles vers 1660. — Paysages. T.

160. DUGHET. — Paysages. T.

161. Paysage; monogramme DD. — T.

162. VAN LINT. — Paysages-marines. T.

163. HOKIN. — Marines. T.

164. AVRILLON. — Marines. B.

165. JOLIVARD (André), né au Mans 1788. — Paysage. Les derniers rayons du soleil couchant éclairent un site agreste que baignent des eaux limpides : des arbres élevés protégent, par leur ombrage, des femmes et des enfants ; çà et là quelques cavaliers. T. — Don de M. Jolivard, juin 1833.

166. MARILHAT (T.). — Vue d'Egypte, paysage. T. — Don du gouvernement, 1837.

167. LE BLANC. — Vue d'Italie, paysage. T. — Don du gouvernement, 1837.

168. VAN HELMONT (Mathieu), né à Anvers dans le 17e siècle. — Scènes de marché flamand. T. — Acquisition de la Mairie, 1837.

169. BERLOT (Jean-Baptiste), né à Versailles 1775. — Ruines d'architecture. T. — Acquisition de la Mairie, 1839.

170. LALLEMAND. — Paysage. T. — Acquisition de la Mairie, 1839.

171. DROOGSLOOT, né à Dort. — Rixe Flamande (1638). B. — Acquisition de la Mairie, 1838.

172. ALBANI. — Des Anges offrant des dattes à l'Enfant Jésus. T.

173. BIBBIENNA (Ferdinand Galli), né à Bologne 1657, m. 1743. — Marine et architecture, vue d'Italie. T.

VI. Animaux, fleurs et fruits.

174. Animaux vivants et morts, etc. T.

175. OUDRI (Jean-Baptiste), né à Paris 1686, m. 1755. — Deux chiens en arrêt sur des perdrix. T.

176. OUDRI. Deux chiens en arrêt sur des faisans. T.

177. OUDRI. — Deux chiens gardant un lièvre et une perdrix tués. T.

178. DESPORTES (François), né à Champigneul, 1661, m. 1743. — Chien de chasse gardant du gibier près d'un fusil. T.

179. FYT (Jean), né à Anvers. — Canards et perdrix.

180. Divers poissons. T.

181. Poissons et crustacés. B.

182. ROBERT. — Corbeille de fleurs. T.

183. **Mario Nuzzi**, né à Penna 1605, m. 1673. — Tableaux de fleurs. T.

184. **Moreau.** — Tableau de fleurs et de fruits. T.

185. **Cassiens.** — Tableau de fleurs. T.

186. **Kalf** (Willem Guillaume), né à Amsterdam vers 1630, m. 1685. — Vases, fruits et nautile chambré. T.

187. **Verbrugen** (Gaspard-Pierre), né à Anvers 1668, et **Tervesten** (Mathieu), né à La Haye 1670. — Guirlande de fleurs et enfants. T. — Acquisition de la Mairie, 1839.

188. **Cerquozzi** (Michel Angiolo), dit des Batailles, né à Rome 1602, m. 1681. — Poissons, champignons et crustacés. T. — Acquisition de la Mairie, 1838.

VII. Scènes grotesques et bambochades.

Coulomne. — Quatre personnages et vingt-deux sujets du *Roman Comique* de Scarron :

189. Le sieur de **La Rapinière**, lieutenant de Prevôt. T.

190. **La Rancune**, comédien. T.

191. Mme **Bouvillon**, de Laval. T.

192. **Ragotin**, avocat. T.

193. Arrivée de trois comédiens au Mans, **Destin**, **La Rancune** et Mlle **La Caverne**; bagarre devant le jeu de la Biche, pour une poignée de foin mangé par les bœufs et la jument du charretier qui avait amené les comédiens. T. — (*Rom. Com.* Part. 1. ch. 1.)

194. M. DE LA RAPINIÈRE prend la troupe de comédiens sous sa protection et préside à la représentation d'Hérode. T. — (*Rom. Com.* P. 1. ch. 2.)

195. Déplorable succès de la tragédie d'Hérode, jouée pour le début des comédiens ; l'un des joueurs de paume, auquel on avait pris les habits, décharge un démesuré coup de raquette sur les oreilles de LA RAPINIÈRE. T. — (*Rom. Com.* P. 1. ch. 3.)

196. Désolation de la tripotière de la Biche sur ses meubles brisés ; prouesses du DESTIN ; holà mis par le sénéchal DES ESSARTS et deux capucins. T. — (*Rom. Com.* P. 1. ch. 3.)

197. Frayeur de LA RAPINIÈRE, jaloux, qui, croyant surprendre, de nuit, sa femme en faute, saisit une chèvre par les cornes et culbute avec elle. T. — (*Rom. Com.* P. 1. ch. 4.)

198. LA RANCUNE, couché avec un marchand du Bas-Maine, verse malicieusement son pot de chambre sur lui. T. — (*Rom. Com.* P. 1. ch. 6)

199. Mlle DE L'ETOILE, entourée dans son lit par les godelureaux de la ville. T. — (*Rom. Com.* P. 1. ch. 8.)

200. Le chapeau de RAGOTIN enfoncé sur sa tête par un coup de poing, n'en peut sortir que par le secours des ciseaux de Mademoiselle LA CAVERNE. T. — (*Rom. Com.* P. 1. ch. 10.)

201. Combat de nuit, coups de poing, soufflets, morsure à la jambe de DESTIN, claques sur les fesses ; LA RAPINIÈRE met le holà. T. —(*Rom. Com.* P. 1. ch. 12).

202. Enlèvement du curé de Domfront et de sa nièce, par trois cavaliers soutenus par deux fantassins; frayeur du conducteur Guillaume; mort du cheval du curé. T. — (*Rom. Com.* P. 1. ch. 14.)

203. Sérénade donnée par RAGOTIN à Mlle DE L'ETOILE, et déconcertée par des chiens qui suivaient une chienne de mauvaise vie. T.—(*Rom. Com.* P. 1. ch. 15).

204. RAGOTIN, une grande épée à son côté et une carabine en bandoulière, monte à cheval pour accompagner la troupe comique qui se rendait, dans deux carrosses, à une noce de campagne; mais la selle ayant tourné, et la carabine venant à tirer, il fallut tomber à terre. T. (*Rom. Com.* P. 1. ch. 16.)

205. ROQUEBRUNE, nu-pied dans l'étrier, ses hautes-chausses détachées; un vent indiscret levant sa chemise, expose ses fesses à la vue des assistants. T. — (*Rom. Com.* P. 2. ch. 20.)

206. Frayeur causée à DESTIN par un fou qui, la nuit, dans un chemin creux, saute en croupe derrière lui. T. — (*Rom. Com.* P. 2. ch. 1.)

207. Aventure d'hôtellerie où LA RANCUNE s'approprie les bottes d'un voyageur dans la chambre duquel il était couché. T. — (*Rom. Com.* P. 2. ch. 2.)

208. RAGOTIN, tout nu, dans une grosse touffe de rosiers où une terreur panique l'a conduit, en est retiré avec force et claqué sur les fesses par LA RANCUNE, qui veut lui faire voir qu'il n'est pas mort. T. — (*Rom. Com.* P. 2. ch. 7.)

209. Le pied de RAGOTIN entré de force dans un pot de chambre de cuivre, et n'en pouvant plus sortir, un serrurier le lime pour l'en tirer. T. — (*Rom. Com.* P. 2. ch. 8.)

210. RAGOTIN, se croyant malade, se fait tirer trois palettes de sang et ventouser les épaules par un chirurgien de village. T. — (*Rom. Com.* P. 2. ch. 9.)

211. Mme BOUVILLON, pressée par sa passion pour DESTIN, voulant la satisfaire, se fait une bosse au front. T. — (*Rom. Com.* P. 2. ch. 10.)

212. RAGOTIN mené par un fou, nu et lié sur une charrette, tombe dans un bourbier où on l'abandonne. T. — (*Rom. Com.* P. 2. ch. 16.)

213. Aventure de l'abbesse d'Etival revenant du Mans avec quatre religieuses; leur frayeur à la vue de RAGOTIN tout nu; et comme le P. GIFLOT, directeur de l'abbaye, voulait l'empêcher de passer sur une planche, RAGOTIN le poussa si rudement qu'il le fit choir dans l'eau. T. — (*Rom. Com.* P. 2. ch. 16.)

214. Pour fuir un impitoyable cocher et le chien du meunier de l'élu DU RIGNON, RAGOTIN entre dans le jardin du moulin où, par malheur, il renverse des ruches dont les mouches le réduisent en un pitoyable état. T. — (*Rom. Com.* P. 2. ch. 16.)

215. Impatience de RAGOTIN contre le grand BAGUENODIÈRE; cause d'un grand désordre. RAGOTIN tombe dans le trou du jeu de paume, d'où on le retire

la gorge écorchée par un éperon. **T.** — (*Rom. Com.*
P. 2. ch. 17.)

216. Orgie de **LAZZARONIS** à Naples. **T.**

VIII. *Mélanges, sujets divers.*

217. Ecole vénitienne. — Deux philosophes conver-
sant ensemble. **T.**

218. **ROTTENHAMER** (Jean), né à Munich 1564, m.
1604. — Le bonheur champêtre ou l'Age d'or. **C.**

219. **DUTHEMPS.** — Deux enfants causant ensemble. **T.**

220. Une cuisinière, assise dans un garde-manger,
tenant un homard. **T.**

221. **WICK** (Thomas), né à Harlem 1610, m. 1686.
— Un alchimiste dans son laboratoire. Copie. **T.**

222. **HEEM** (Jean-David de), né à Utrecht 1600, m.
1674. — Groupe d'armures, casque, cuirasse, car-
quois, et autres instruments. **T.**

223. Joueurs Espagnols. **T.**

224. **VAN DER LAINEN.** — Fête Espagnole. **B.**

225. Entrée d'un sultan à Constantinople. **T.**

226. L'Empereur du Mogol, **KAAJANI**, sur son trône,
ayant devant lui ses quatre fils; plus bas, sont les na-
babes et les officiers appelés Gouberdars; derrière,
on voit les eunuques: l'un porte un parasol, l'autre
un chasse-mouche, un autre un crachoir, le dernier
un gourgouli (vase pour fumer le tabac). — Miniature
sur velin, peinte à Agra.

227. Jeune Femme dessinant à la lueur d'une lampe. **T.**

228. Un Buveur. **T.**

229. CAGNACI (Guido), né à Castel Durante 1601, m. 1681. — **La Peintresse en prison. T.** — Acquisition de la Mairie, 1836.

230. ROKES (Henri), surnommé **Zorg**, né à Rotterdam 1621, m. 1682. — Intérieur. **B.**

231. Femme occupée de détails de cuisine. **T.**

232. Effet de lumière. **T.**

233. PHILIPPE le NAPOLITAIN. — Scènes familières devant une taverne. **T.**

234. LAURI (Philippe), né à Rome 1623, m. 1694. — Quatre sujets allégoriques. **T.**

235. Tableaux de chevaux donnés, par diverses villes, à LOUIS XIV. **T.**

236. REMBRANDT VAN RYN (Paul), né près de **Leyde** 1606, m. 1674. — Portrait d'homme. Copie. **T.**

LISTE DES PEINTRES

CITÉS DANS LA NOTICE.

ALBANI, nos 5, 61, 172.

AMÉRIGHI, 8.

AVRILLON, 164.

BELLOTZI, 156.

BERLOT, 169.

BERRETINI, 52

BIBIENNA, 175.

BITTER, 65.

BOISNARD, 59, 60.

BOULLONGNE, 44.

BOUT et BOUDEWYNS, 189.

BREUGHEL, 48.

BRIL, 49.

CAGNACI, 229.

CASSIENS, 185.

CERQUOZZI, 188.

CHAMPAGNE, 7, 11, 26, 27.

COULOMME, 189, 190, 191, 192, 193, 194, 195, 196,
197, 198, 199, 200, 201, 202, 203, 204, 205, 206, 207,
208, 209, 210, 211, 212, 213, 214, 215.

COYPEL, 45, 46.

DE LLANES Y VALDÈS, 30.

DESPORTES, 178.

DROOGSLOOT, 171.

VANLOO, 10.
VERBRUGEN et TERWESTEN, 187.
VRIENDT, 1.
WICK, 221.

ANONYMES : 5, 20, 28, 34, 55, 56, 37, 59, 51,
52, 53, 56, 66, 72, 73, 74, 75, 76, 77, 78, 79, 80,
81, 82, 83, 84, 85, 86, 87, 88, 89, 90, 91, 92, 93,
94, 95, 96, 97, 98, 99, 100, 101, 102, 103, 104, 105,
106, 107, 108, 109, 110, 111, 112, 113, 114, 115, 116,
117, 119, 120, 121, 122, 123, 124, 125, 126, 127, 128,
129, 130, 131, 132, 133, 134, 135, 136, 137, 138, 139,
140, 141, 142, 143, 144, 145, 146, 147, 148, 449, 150,
151, 153, 161, 174, 180, 181, 216, 217, 220, 223, 225,
226, 227, 228, 231, 232, 3

www.ingramcontent.com/pod-product-compliance
Lightning Source LLC
LaVergne TN
LVHW012105170726

843501LV00008BC/2766